SESSION DE 1842 A 1843.

PÉTITION

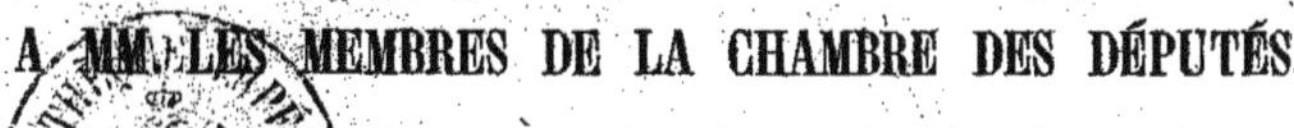

A MM. LES MEMBRES DE LA CHAMBRE DES DÉPUTÉS.

> Le premier soin de ceux qui veulent profiter d'une révolution, doit être de se défaire de ceux qui l'ont faite.
>
> *Extrait de* MACHIAVEL.

RÉFORMES!

Du Jury;
Des Fonctionnaires publics, députés;
Électorale et Parlementaire;
Des Lois de Septembre;

Droit de visite;
Fortifications de Paris et Forts détachés.

Cette Pétition a été remise au Président de la Chambre des Députés le 30 *nov.* 1842.

PRIX : UN FRANC.

EN VENTE CHEZ CHARPENTIER, LIBRAIRE, PALAIS-ROYAL, GALERIE D'ORLÉANS, 7, A PARIS.

JANVIER 1843.

A MESSIEURS LES DÉPUTÉS.

Réforme du Jury.

Des procès à la PRESSE,
Il n'y en aura plus.

Discours du Roi, 1er *août* 1830.

MESSIEURS,

Réforme du Jury.

Je viens, usant de mon droit, vous demander de restituer à L'INSTITUTION DU JURY son imposant caractère d'égalité. Le Pouvoir qui, malheureusement, ne cesse de faire tous ses efforts pour la transformer en tribunaux d'exception, veut introduire les haines politiques dans le sanctuaire de la justice, quand le souvenir de ces royales paroles devrait seul le remplir : LA CHARTE SERA DÉSORMAIS UNE VÉRITÉ.

Vous le savez, Messieurs, les listes des Jurés sont abandonnées au bon vouloir de MM. les Préfets. Ce sont eux qui, contrairement au texte et à l'esprit de la Charte de 1830, FONT LE TRIAGE DES ÉLECTEURS. *Fonctionnaires révocables*, ils peuvent, ils doivent être soumis aux caprices, aux impulsions, aux nécessités d'un pouvoir porté aux réactions.

1842

Les révélations faites à la tribune par *MM. Billaut* et *Isambert*, ont *dévoilé* AU PAYS ET AUX CHAMBRES les instructions qui avaient été occultement dictées par les Ministres à MM. les Préfets pour la MANIPULATION DES LISTES DES JURÉS. Les faits, devenus publics, n'ont pas d'ailleurs tardé à confirmer la véracité de leur langage. Une coupable partialité a présidé à cette opération. L'inquisition a fait place à la justice, et le CORPS ENTIER DES ÉLECTEURS est maintenant classé en catégories politiques.

Le Ministère, rendant pour lui LA LOI ÉLASTIQUE, a présenté, comme argument spécieux *et sans réplique*, l'obligation où se trouvaient MM. LES PRÉFETS de retrancher des listes des Jurés,

1° Les électeurs décédés.

2° Les septuagénaires.

3° Les électeurs frappés de peines infamantes, d'aliénation mentale, d'idiotisme légalement constatés.

4° Les incapables!!...

Cependant il est bien facile de le combattre avec des armes victorieuses et d'opposer une digue insurmontable à ses désastreux empiètemens.

Pourquoi le travail sur LES DÉCÈS, LES SEPTUAGÉNAIRES, LES HOMMES FRAPPÉS DE PEINES INFAMANTES, etc., etc., ne serait-il pas exécuté avec le concours DES MAIRES, DES MEMBRES DU CONSEIL GÉNÉRAL ET DU CONSEIL MUNICIPAL?

A l'égard de la catégorie DES INCAPABLES, cette élimination est incompatible avec les articles 1, 2 ET 3 DE LA CHARTE, ainsi conçus:

Article premier.

Les Français sont égaux devant la loi, quels que soient d'ailleurs LEURS TITRES ET LEURS RANGS.

Art. 2e.

Ils contribuent INDISTINCTEMENT, dans la proportion de leur fortune, aux charges de l'État.

Art. 3e.

Ils sont TOUS également ADMISSIBLES aux emplois civils et militaires.

Après l'examen de textes aussi formels, MM. les Préfets usurpent donc un droit et commettent un véritable acte arbitraire, en frappant d'incapacité des citoyens qui, inscrits conformément à la loi sur les listes électorales, ont le plein exercice de leurs droits civiques.

Abordant au fond le principe de l'institution du Jury, *si audacieusement altéré*, je soutiens qu'il ne peut pas exister *d'incapables*. *En effet, quelle est la mission des Jurés?* La loi pénale l'a tracée *dans l'article* 342 :

« 1° Elle ne leur demande pas compte des moyens par lesquels » ils se sont convaincus; elle ne leur prescrit pas des règles, desquel- » les ils doivent faire particulièrement dépendre la plénitude et la » suffisance d'une preuve. Elle leur prescrit de s'interroger eux- » mêmes dans le silence et le recueillement, et de chercher, DANS » LA SINCÉRITÉ DE LEUR CONSCIENCE, quelle impression ont » faite sur leur raison les preuves rapportées contre l'accusé et les » moyens de sa défense.

» 2° Leur mission n'a pas pour objet la poursuite ni la punition » *des délits;* ils ne sont appelés que pour décider si l'accusé est ou » non coupable du crime qu'on lui impute.

» Ce ne sont donc pas des juges placés sur leur siége pour appli- » quer et interpréter les lois, science délicate, difficile, et qui n'est le

» fruit que de longues études; leur compétence est simple. Ils doi-
» vent constater la matérialité d'un fait à l'aide de ces deux flambeaux :
» LA RAISON ET LA CONSCIENCE qui, l'une et l'autre, ne doivent
» pas leur puissance aux sciences. »

Dans quel but, alors, accuse-t-on d'ignorance le même homme qu'on trouve *bon* pour payer 200 francs de contributions directes? Qu'on place dans les rangs de la Garde Nationale. Auquel on donne le *droit* d'élire ses chefs? Qu'on juge assez instruit pour voter l'élection des Membres du Conseil municipal, du Conseil général, qui fait enfin les Députés? On supposera, à défaut D'HUMANITÉS, qu'il a déjà fallu à celui qu'on rejette ainsi, comme n'étant *ni libre ni probe*, quelque intelligence pour être parvenu, par sa conduite, son ordre et son travail, *à payer ces* 200 *fr. de contributions;* on lui supposera également un peu d'énergie pour avoir défendu, au péril de ses jours et de l'avenir de sa famille, les lois que vous adoptez, et quelque discernement dans l'appréciation de ses votes électoraux. Et puis, ne reconnaîtrez-vous pas avec moi, qu'aujourd'hui que l'Instruction primaire fait de si notables progrès, il est rare de rencontrer des électeurs qui ne sachent ni lire ni écrire ; ce ne sont pas, croyez-le Messieurs, les SEPTUAGÉNAIRES, les IDIOTS, etc., etc., qui doivent être justement privés de la faculté de prononcer souverainement sur le sort de leurs semblables, que MM. les Ministres et leurs agens veulent SEULS atteindre; car s'ils le soutenaient sérieusement, je leur répondrais avec une irrésistible force de logique. La Loi ne donne-t-elle pas aux Accusés et au Ministère public LE DROIT DE RÉCUSATION DEVANT LES JUGES? Sur trente-six Jurés, n'a-t-on pas la liberté d'en récuser Douze (1)? L'erreur et l'ignorance peuvent donc être facilement écartées du sanc-

(1) Le Ministère public a le droit d'en récuser 12, l'Accusé également 12, la récusation sur les 36 jurés, s'élève ainsi légalement à 24.

tuaire de la justice, sans qu'il soit besoin de L'UNIQUE INTERVENTION des Préfets; mais en attaquant au cœur l'institution des Jurés, et en laissant surtout à l'omnipotence des PRÉFETS le soin d'élaguer, SANS CONTROLE, ceux qui réclament ce que la Charte de 1830 a proclamé, on espère arriver AU MACHIAVÉLIQUE RÉSULTAT de priver une grande partie des Français *d'un légitime pouvoir* qui a été acheté au prix de tant de sang.

Rappelez-vous, Messieurs, ces belles et sévères paroles, prononcées par le ROI, le 24 septembre 1830:

« L'EXÉCUTION DES LOIS, FRANCHE, LOYALE, SINCÈRE, EST LE MEILLEUR APPUI DU TRONE. TOUTE AUTORITÉ QUI N'EST PAS BASÉE SUR LE RÉGIME DES LOIS, DEVIENT DESPOTIQUE, VEXATOIRE ET DOIT S'ÉCROULER. »

Rappelez-vous également les paroles de l'honorable M. DUPIN AINÉ, qui, dans une circonstance bien solennelle, déclara : « QU'IL FALLAIT ABSOLUMENT RETIRER AUX PRÉFETS LA FORMATION DES LISTES DES JURÉS; QU'AUTREMENT LES CITOYENS NE SERAIENT PAS JUGÉS PAR DES JURÉS, MAIS PAR DES COMMISSAIRES. LE CONSEIL GÉNÉRAL DE LA SEINE A ÉMIS LA MÊME OPINION EN 1832. »

Je demande, en conséquence :

1° Que, conformément à la Charte de 1830, les Electeurs portés définitivement, *au* 20 *octobre* de chaque année, sur les listes électorales, sauf les modifications que j'ai indiquées plus haut, soient, sans exception, RECONNUS APTES A EXERCER LES FONCTIONS DE JURÉS;

2° Que, chaque année, dans la dernière quinzaine de Décembre, les noms de tous les Electeurs inscrits, SOIENT EXTRAITS DES LISTES ET INDISTINCTEMENT DÉPOSÉS DANS UNE URNE, EN PRÉSENCE, A PARIS, DU PRÉFET, DES DOUZE MAIRES ET DE CEUX DE SCEAUX ET DE SAINT-DENIS, AUXQUELS SE

RÉUNIRAIENT LES TROIS CONSEILS MUNICIPAUX ET LE CONSEIL GÉNÉRAL REPRÉSENTANT LES QUATORZE ARRONDISSEMENS ÉLECTORAUX DU DÉPARTEMENT DE LA SEINE. DANS LES PROVINCES : EN PRÉSENCE DU PRÉFET, DU MAIRE DU CHEF-LIEU, ASSISTÉS DU CONSEIL GÉNÉRAL ET MUNICIPAL ;

3° *Qu'immédiatement, et séance tenante,* MM. les Préfets soient tenus, *après ce dépouillement préliminaire,* DE TIRER AU SORT LE NOMBRE DES JURÉS EXIGÉ PAR LA LOI POUR LE SERVICE DE L'ANNÉE ;

4° Qu'à la suite de ce premier tirage, il en soit fait un second à *l'audience* par MM. les premiers Présidens des Cours royales qui, alors, n'extrairaient plus de l'*urne* que les noms des *Jurés* qui devraient siéger à chaque session des assises ;

5° Qu'enfin, le lendemain de ce dernier tirage, les noms, professions, âges et demeures des Jurés tirés au sort pour le service de la session des assises, soient inscrits sur un tableau qui resterait PUBLIQUEMENT EXPOSÉ, pendant tout le temps desdites assises, dans la chambre des audiences des Cours royales. Ne refuse-t-on pas de communiquer aux parties intéressées la liste des Jurés? Pourquoi la cacher? La Justice est représentée, *allégoriquement,* un miroir à la main ; faites au moins que cette sublime pensée ne soit pas MENTEUSE.

L'URNE ÉPUISÉE, LES NOMS DES ÉLECTEURS QUI AURAIENT SIÉGÉ COMME JURÉS NE POURRAIENT PLUS ÊTRE REPLACÉS DANS L'URNE QUE SIX ANS APRÈS, DANS LES DÉPARTEMENS, ET QUINZE ANS APRÈS, A PARIS.

Le département de la Seine compte 23,750 ÉLECTEURS INSCRITS (1), *tous probes et libres. Quinze années ne suffiraient donc même pas pour que chacun d'eux ait légalement rempli,* A SON TOUR,

(1) Liste officielle de 1842.

les fonctions de juré; ce département n'en exigeant, conformément à la loi, QUE QUINZE CENTS POUR LE SERVICE DE L'ANNÉE; mais au moins on ne gémirait pas de voir, comme de nos jours, LES MÊMES JURÉS pouvoir, à Paris et dans les Départemens (*la loi le permet*), siéger de nouveau au bout de DEUX ANS, quand il est avéré que des citoyens fort recommandables, fort libres, fort probes, INSCRITS DEPUIS DOUZE ANS sur les listes des Jurés, n'ont pas encore siégé *comme jurés* et n'y siégeront probablement jamais, *et pour cause,* si l'on ne se hâte de porter remède à la manière honteuse et illégale dont la loi sur le Jury est interprétée; n'a-t-on pas vu, naguère encore, un juré *de Paris,* réclamer *judiciairement,* pour avoir été deux fois choisi dans la même année, COMME BIEN PENSANT. Il y a eu jugement à cet égard. Le scandale peut-il être poussé plus loin?

Si mes trop justes réclamations sur cette grave question, QUI SE RATTACHE A L'HONNEUR DES FAMILLES ET A LA CONSERVATION DE LA LIBERTÉ DE LA PRESSE, étaient accueillies, l'institution du Jury cesserait alors d'être un tribunal exceptionnel. La fraude, avec les obstacles que je vous propose de lui opposer, deviendrait *impossible.* On ne verrait plus le Jury composé par de SCANDALEUSES PRÉFÉRENCES POLITIQUES; les Fonctionnaires publics, eux-mêmes, seraient moins favorisés *par le hasard* pour exercer les *fonctions de jurés*, qu'ils n'ambitionnent pas. *On ne verrait pas surtout*, en matière de Presse, dans deux causes également identiques, une partie frappée par d'exorbitantes condamnations, tandis que l'autre partie était à peine touchée par le glaive de la Loi; et plus heureux, *MM. les Préfets* ne seraient plus, SOUS PEINE DE DESTITUTION, contraints d'agir dans l'ombre et d'analyser les opinions politiques des Électeurs, avant de leur accorder un brevet de capacité et les droits qui appartiennent A DES HOMMES LIBRES ET PROBES.

Réforme des Fonctionnaires publics, Députés.

Quand, dans un royaume, il y a plus d'avantage à faire sa cour qu'à faire son devoir, TOUT EST PERDU.

(*Extrait de* MONTESQUIEU.)

Réforme des Députés, fonctionnaires publics.

L'honorable M. Ganneron disait, dans son exposé de motifs, touchant la réforme de MM. les Députés, fonctionnaires publics :

« *Le véritable moyen de repousser avec succès des réformes dange-*
» *reuses, c'est d'accorder celles qui sont bonnes, utiles et morales.* »
Eh bien! ces paroles ont acquis une nouvelle force depuis les élections de 1842! *Le nombre des fonctionnaires publics s'est encore accru*, il est aujourd'hui DE CENT QUATRE-VINGT-DIX, presque la moitié de la Chambre. Ils prélèvent *chaque année* sur le budget, *d'après des extraits authentiques*, PLUS DE QUATORZE MILLIONS!... qui leur sont régulièrement payés par douzième.

Qu'il y ait DISETTE, GUERRE, STAGNATION DANS LE COMMERCE,

DÉFICIT DANS LE TRÉSOR, EMPRUNT FORCÉ POUR LE COUVRIR, peu leur importe; CES MALHEURS PUBLICS ne les atteignent que faiblement; ils n'ont pas de DIME PRÉLEVÉE SUR LEURS TRAITEMENS!! Pour eux les jours se suivent, sans qu'ils aient à redouter les soucis du lendemain. Aussi, comment veillent-ils aux intérêts des Contribuables, déjà accablés par des impôts qui ne font qu'augmenter depuis *quatorze ans?* Et citer de pareils faits, *qui ne sauraient être contredits*, n'est-ce pas appeler sur eux l'attention des hommes dévoués A NOS INSTITUTIONS ET AU ROI? n'est-ce pas démontrer la nécessité d'une réforme? n'est-ce pas, enfin, faire apprécier les vices organiques D'UNE CHAMBRE COMPOSÉE DE TANT DE DÉPUTÉS, FONCTIONNAIRES PUBLICS, QUI VIVENT AUX DÉPENS DU BUDGET QU'ILS SE VOTENT EUX-MÊMES. L'indépendance ne leur est pas permise, *même dans une position inamovible*, car vous n'avez sans doute pas oublié, Messieurs, combien l'honorable M. Isambert a eu à supporter d'humiliations, de déboires, pour avoir honoré sa toge de conseiller à la cour de cassation en venant, comme député, dénoncer à la face du pays les ténébreuses manœuvres à l'aide desquelles les Ministres mutilaient et mutilent encore la plus précieuse de nos conquêtes de 1830: L'INSTITUTION DU JURY; et s'il fallait de la CHAMBRE, descendre dans l'intérieur de nos maisons, la comparaison serait encore plus frappante. En effet: Quel est le négociant qui garderait chez lui un *Employé* qui trahirait ses intérêts? qui ne les défendrait pas avec chaleur et oserait faire des observations sur des opérations de commerce auxquelles une scrupuleuse probité n'aurait pas toujours présidé? Il le remercierait *quand même*. A toutes les objections sérieuses, vraies, qui lui seraient présentées *par son commis, il répondrait avec raison :* « C'est moi qui vous fais vivre; vous deviez fermer les yeux, vous taire et obéir silencieusement. » Je n'accuse donc pas les hommes, mais le principe qui est mauvais. M. de Broglie, qui a servi *l'Empire, la Restauration et le Trône de juillet;* qui a conséquemment prêté trois sermens, *avouait en* 1828: « QU'EN

FAIT DE PLACES IL FALLAIT LES DONNER A SES CRÉATURES PARCE QU'IL EST DANS LA NATURE DE L'HOMME DE CROIRE QUE CELUI QUI PENSE COMME LUI PENSE MIEUX QUE TOUT LE MONDE. »

La plaie est tellement gangrenée, qu'aux dernières élections, QUATRE CENTS FONCTIONNAIRES PUBLICS se sont présentés, BRIGUANT LES HONNEURS DE LA DÉPUTATION et cependant la représentation nationale n'est composée que de quatre cent cinquante-neuf membres; admettez qu'ils aient été *tous* élus! La France aurait-elle été représentée? Non... Et en présence de ces faits matériels, faudra-t-il que, selon l'image *heureuse* de M. de Lamartine, la chambre n'ait pour symbole qu'une BORNE? quand deux grands peuples lui ont déjà donné l'exemple de la réforme.

Aux États-Unis, lors de la constitution de 1791, l'exclusion des Fonctionnaires publics FUT ABSOLUE, et vous avouerez, avec moi, que privés de ces lumières, dans leur assemblée législative, les Américains ont su cependant faire de bonnes lois et se faire respecter. Les 25 millions que nous ne leur devions pas et leur dernier traité avec l'Angleterre, doivent vous prouver tout ce que peut un peuple qui a le sentiment de sa force et de sa grandeur.

Faut-il vous citer la vieille Angleterre, que nos Ministres admirent et devant laquelle ils s'abaissent. Elle aussi, n'a-t-elle pas introduit une large réforme parmi les fonctionnaires publics, lors du bill des places en 1743? Aujourd'hui la chambre des communes, COMPOSÉE DE SIX CENT CINQUANTE-HUIT MEMBRES NE COMPTE QUE CINQUANTE-QUATRE FONCTIONNAIRES PUBLICS.

On nous dit : Pourquoi les nommez-vous? Eh! pourquoi se présentent-ils comme candidats du Pouvoir, portés par lui, imposés, sous peine de destitution, à tout ce qui tient par les places au Gouvernement; promettant, au nom de leurs PARRAINS : routes, canaux, chemins de fer, bourses, emplois, sinécures, haras, croix, etc., etc., répandant partout, *sur leurs pas*, la semence de la corruption.

La corruption que l'on reproche à l'Angleterre, pendant les élections, est mille fois moins immorale que celle qui se pratique en *France*. En Angleterre, ce sont *les Candidats* qui achètent *de leur bourse* les suffrages; qui se ruinent même pour les obtenir; à eux permis, ils ne dépensent que leur bien; mais l'État reste étranger à cet achat *de chair humaine vivante*. En France, c'est le contraire : LA CORRUPTION EST ORGANISÉE AVEC L'ARGENT DES CONTRIBUABLES, il y a donc tout bénéfice pour le Candidat. Le Peuple n'est-il pas là pour combler le déficit avec ses privations et le produit de son travail ?....

Vos plus brillans orateurs, M. *Guizot* en tête, ont été les premiers à flétrir cette honteuse dilapidation de la fortune publique. Voici ce que M. le Ministre des relations extérieures, alors Ministre de l'Intérieur, ÉCRIVAIT LE 29 SEPTEMBRE 1830, lors de la convocation des cent onze colléges électoraux, à MM. les Préfets :

« Dans une circonstance si importante, M. le Préfet, vous ne serez » pas surpris de ce que je vous entretienne plus spécialement DES » DEVOIRS DE L'ADMINISTRATION, ses intentions ne sauraient » être que conformes à ses devoirs.

» Ces devoirs sont simples. *La mauvaise politique d'un pouvoir trop* » *faible pour se passer d'artifices, les compliquait en les défigurant*. Un » gouvernement national se fie à la France du choix de ses députés. » *Il ne rend pas l'administration responsable des votes que recèle l'urne* » *électorale. Assurer l'entière liberté des suffrages en maintenant sé-* » *vèrement l'ordre légal, voilà toute son ambition*. Comme la Charte, » les élections désormais doivent être une vérité.

» Vous sentez, M. le Préfet, *que la plus scrupuleuse impartialité* » *vous est imposée*. Le temps n'est pas éloigné où la puissance publi- » que, se plaçant *entre les intérêts et les consciences*, s'efforçait de faire

» mentir le pays tout entier contre lui-même, ET DE LE SUBORNER » COMME FAUX TÉMOIN, en dénaturant sa mission, en excédant ses » devoirs; elle a compromis ainsi même sa légitime influence. Ce » n'est que par une réaction de justice, de probité, de modération, » que l'administration peut reconquérir cette autorité morale qui lui » est si nécessaire et qui fait sa principale force. IL FAUT QUE LES » POUVOIRS S'HONORENT POUR S'AFFERMIR. Ainsi, M. le Pré- » fet, quelqu'importance que le Gouvernement attache au résultat » des élections, n'oubliez *jamais* qu'il l'attend avec trop de sécurité » pour prétendre, MÊME INDIRECTEMENT, A LE DOMINER. »

Comme M. Guizot craint que la mission des fonctionnaires ne paraisse étroite et mesquine à certains d'entre eux, imbus de préjugés administratifs, il ajoute :

« La France agira, et l'administration veillera pour elle. *Votre tâ- » che est de maintenir liberté aux opinions et force à la loi.* En l'accom- » plissant, vous aurez aussi une part honorable dans le résultat des » élections. »

Le ministre terminait ainsi cette belle déclaration des principes à suivre, en matière d'élections, sous un gouvernement et dans un pays libre.

« Vous le voyez, M. le Préfet, le Gouvernement n'exige de vous » *que l'observation religieuse de la loi.* Il n'attend de vous que ce que » lui offrent déjà votre loyauté et votre patriotisme. Vous pouvez dire » à tous quelle est sa pensée; il ne la cache ni ne l'impose; venue » de la nation, il ne la redoute pas; il compte sur elle comme elle » peut compter sur lui.

« *Signé* GUIZOT. »

Que les temps sont changés! Qu'on pense que c'est sous le même homme que se sont faites les élections de 1842, et qu'on nous dise ce qu'il faut penser *d'une telle autorité.*

Craignez, Messieurs, qu'en laissant subsister plus long-temps un pareil état de choses, **LA DÉCONSIDÉRATION QUI S'ATTACHE DÉJA AUX DÉPUTÉS, FONCTIONNAIRES PUBLICS**, ne frappe un jour la représentation nationale tout entière. Rappelez-vous **CE SÉNAT CONSERVATEUR**, qui n'a su qu'obéir et trahir, obéir et trahir encore, pour ne laisser de son passage que le souvenir **DE SON IMPUISSANCE, DE SA SERVILITÉ ET DE SA DÉCRÉPITUDE DORÉE.**

Maintenant, envisageant leur position sous le rapport de la délicatesse et de la probité, **N'EST-IL PAS DANGEREUX ET DÉPLORABLE DE VOIR LES DEUX TIERS DES DÉPUTÉS, FONCTIONNAIRES PUBLICS, ABANDONNER PENDANT HUIT MOIS LEURS POSTES POUR VENIR TOUCHER A PARIS LES EMOLUMENS D'UNE PLACE QU'ILS NE REMPLISSENT PAS; S'OCCUPER BEAUCOUP PLUS DE LEUR AVANCEMENT QUE DES AFFAIRES DE L'ÉTAT.** Leur introduction dans la Chambre est la principale chose qui empêche le Gouvernement électif de fonctionner constitutionnellement. M. Thiers disait, lors de la dernière session : « *Qu'ils étaient, par leur importunité à solliciter, un véritable embarras pour l'administration.* » Un autre ex-ministre, *ajouta* : « *Qu'avec eux tout ministère était impossible.* »

Fort de ces preuves, qui reposent sur des faits, je demande, au nom du respect et de la considération qui doivent environner les représentans d'un grand peuple, **LEUR EXCLUSION ABSOLUE DE L'ASSEMBLÉE NATIONALE**, leur position étant incompatible avec l'indépendance nécessaire pour s'opposer aux envahissemens du *Pouvoir*, qui sera toujours prompt à confisquer nos droits si vous ne savez pas les défendre.

Un mot encore. On a objecté qu'en repoussant les fonctionnaires publics de nos assemblées législatives, on se priverait des lumières d'hommes très éminens. Qu'ils optent, dans ce cas, entre leurs fonctions salariées ou la députation. La faveur de représenter ses concitoyens vaut bien l'abandon d'une position lucrative!! La Chambre ne serait plus alors privée de ces citoyens si remarquables par leur savoir ; car, rappelez-vous ces vieux mots de l'Évangile : « *On ne peut servir deux maîtres à la fois.* » *On ne peut donc pas être à la fois le serviteur de l'administration et le représentant du pays. Henri IV*, **LE SEUL ROI DONT LE PEUPLE AIT GARDÉ LA MÉMOIRE**, sacrifia *sa religion à ses sujets* et répondit que Paris valait bien une messe. Nos Députés, Fonctionnaires publics, sont loin de vouloir marcher sur les traces du bon et valeureux Béarnais qui laissa, à sa mort, la France paisible, heureuse, et dans les coffres de l'État, **SOIXANTE MILLIONS D'ÉCONOMIE** ! Tandis qu'aujourd'hui, un énorme déficit est dans le trésor, malgré que nous payons **EN PLEINE PAIX, DEPUIS QUATORZE ANS, UN MONSTRUEUX BUDGET DE TREIZE CENTS MILLIONS.**

On a soutenu : Qu'il y avait, il est vrai, *quelque chose* à faire à l'égard des Fonctionnaires publics des départemens, mais qu'à l'égard de ceux restant à Paris, il y aurait injustice à les ranger dans la même catégorie, puisqu'ils étaient sur le lieu où ils exerçaient leurs fonctions salariées, que conséquemment, ils ne délaissaient pas leur poste pour venir remplir à la **CHAMBRE** le mandat dont ils étaient investis comme Représentans; on a, surtout, cité la Cour de cassation, dont les membres sont inamovibles. Le vertueux et incorruptible **DUPONT (DE L'EURE)** a cependant prouvé, en refusant la place de conseiller de cette cour, qu'il y avait incompatibilité entre ces fonctions salariées et le mandat de Député. Constatons maintenant, *logiquement*, que l'avantage reste aux Fonctionnaires publics de Paris, sur les Fonctionnaires publics des provinces, et que la position des premiers est encore plus vénale et dangereuse pour l'État que celle des seconds. En effet: Est-ce que par hasard le Fonctionnaire public, fixé à Paris, n'est pas obligé, pendant sept mois, de quitter chaque jour son poste salarié pour remplir consciencieusement son mandat de Député? —

Que d'affaires, que de solutions administratives renvoyées après les sessions, faute de sa présence, soit dans les tribunaux, soit dans les administrations publiques. Sa réponse, depuis bientôt quatorze ans, est, vous le savez, inévitablement celle-ci : « Je ne puis m'occuper » de rien pendant la session, mes momens sont absorbés par mon » mandat; après la Chambre nous verrons, etc., etc. » De plus, aucun déplacement pour lui; pas de double dépense, sa famille étant près de lui, il n'est pas obligé, comme le Député résidant loin de la Capitale, de soutenir deux ménages. Placé près du soleil, il ne laisse échapper aucune occasion d'en recevoir les bienfaisans rayons. A la suite d'une session, s'offre-t-il quelque bonne sinécure, il est tout porté pour la solliciter et l'obtenir. S'il m'était permis de consigner, à l'appui de mes observations, les nombreux exemples relatés dans nos annales parlementaires, le format de cette pétition ne suffirait pas pour les enregistrer.

On a enfin également objecté que, si MM. les Députés, Fonctionnaires publics, obtenaient durant les sessions un poste plus élevé que celui qu'ils occupaient précédemment, ils étaient obligés de se soumettre à une réélection, et que c'était alors aux Electeurs à juger si leurs mandataires avaient bien ou mal mérité d'eux. Si jamais argument fut illusoire, c'est bien celui-ci, et l'application ne l'a que trop prouvé. En effet : au fur et à mesure que le Député, Fonctionnaire public, s'élève, il acquiert une plus grande part d'influence; aussi que vient-il dire à ses Commettans : « Je vous avais, il est vrai, » promis de n'accepter d'autre emploi que celui que je remplissais, » lorsque vous m'avez fait l'honneur de m'accorder vos suffrages; » mais, en manquant à mes engagemens, j'ai pensé que je vous serais » plus utile, et que mon autorité ayant grandi, je pourrais obtenir » pour vous, ce qu'il ne m'était pas permis d'exiger avant que cette » nouvelle faveur, récompense de mes services rendus, ne soit venue » honorer votre Député. » Et comme l'intérêt personnel passe avant le pays, le succès répond toujours à une logique aussi entraînante.

La preuve?....... **SUR QUARANTE DÉPUTÉS** soumis à la réélection, on en compte **DEUX** auxquels le mandat a été retiré ; c'est donc, on le répète, à la lèpre de l'égoïsme qu'il faut arracher la Représentation Nationale, **ET VOUS N'Y PARVIENDREZ QUE PAR UNE RÉFORME EFFICACE.**

Réforme électorale.

Nul n'a plus désiré de voir tous les Français exercer leurs droits dans toute leur plénitude.
(*Discours du Roi*, 25 *septembre* 1830).

Réforme électorale et parlementaire.

LA RÉFORME ÉLECTORALE EST DEVENUE UN BESOIN, UNE LOI. Les Députés, *en grand nombre*, ont reçu le mandat *impératif* de la réclamer avec énergie, et à moins de forfaire à leur engagement, ils le rempliront dignement.

Une démocratie éclairée peut seule, désormais, maintenir et consolider des institutions CONQUISES PAR LE PEUPLE ET POUR LE PEUPLE. La majorité parlementaire, qui doit représenter la nation, peut fonder des lois fécondes dans leur application; mais pour que cette majorité ait toute la force morale nécessaire, il faut qu'elle soit l'expression *de la plus grande partie du pays*. EH BIEN ! DEUX CENT TRENTE MILLE CENSITAIRES(1) REPRÉSENTENT-ILS TRENTE-QUATRE MILLIONS DE FRANÇAIS (2)? ASSURÉMENT NON. J'observe, d'après des documens officiels entre mes mains: QUE SUR CES 230 MILLE ÉLECTEURS PRIVILÉGIÉS, 54 MILLE SONT PARTIES PRENANTES AU BUDGET COMME EMPLOYÉS RÉTRIBUÉS PAR L'ÉTAT, soumis

(1) Statistique officielle de 1842.

(2) Répartis dans 363 arrondissemens, 2,846 cantons et 37,040 communes (*Statistique officielle* de 1842).

conséquemment A L'INFLUENCE DES DÉPOSITAIRES DU POUVOIR. Ainsi donc, je le répète, TRENTE-QUATRE MILLIONS DE FRANÇAIS, PAYANT LES NEUF DIXIÈMES DES IMPOTS, sont SEULEMENT représentés PAR 176 MILLE ÉLECTEURS véritablement indépendans, qui, de leur côté, ne sont MICROSCOPIQUEMENT représentés QUE PAR 459 DÉPUTÉS, DONT 190 SONT FONCTIONNAIRES PUBLICS ayant également une large part DANS LES 1,320 MILLIONS DU BUDGET DU GOUVERNEMENT à BON MARCHÉ!!... Cette logique mathématique, qui ne souffre pas de commentaires, ne promet, Messieurs, A LA FRANCE, qu'un lugubre avenir; car elle rattache son existence politique A LA PUISSANCE DE L'OR, qui est bien le nerf de la corruption, mais non celui de la raison et de la justice; quand surtout SES HAUTES CAPACITÉS, SES ARTISTES SES SAVANS, SES MAGISTRATS, SES VIEUX DÉBRIS DE GLOIRE sont traités en parias, parce que leurs facultés intellectuelles ne peuvent contrebalançer LE POIDS MÉTALLIQUE DE DEUX CENTS FRANCS DE CONTRIBUTIONS DIRECTES, etc...

Ne sait-on pas que l'apanage des vertus et des talens appartient à l'abnégation de soi-même et au mépris des richesses, et notre génération serait-elle déchue au point de n'avoir qu'une pensée, celle de s'enrichir en foulant sous ses pieds les objets du culte des hommes : L'HONNEUR ET LA PATRIE ?

Les pétitions déjà présentées à la dernière législature doivent vous prouver, Messieurs, combien LE PAYS attache de prix à cette délicate question qui vous est de nouveau soumise.

J'ai démontré la nécessité de la Réforme, je vais maintenant en indiquer sommairement les bases et en déterminer les moyens :

1 LA RÉUNION DES COLLÉGES ELECTORAUX AU CHEF-LIEU DU DÉPARTEMENT AVEC INDEMNITÉ DE DÉPLACEMENT A L'ÉLECTEUR. PÉNALITÉ DANS LE CAS OU L'ÉLECTEUR REFUSERAIT DE SE RENDRE AU CHEF-LIEU POUR EXERCER SES DROITS ÉLECTORAUX. CES PRINCIPES SONT DÉJA

APPLIQUÉS A L'INSTITUTION DU JURY. — Cette réforme est simple; mais elle aurait pour bon résultat de paralyser certaines influences et de diminuer cet esprit mesquin de localité qui domine les colléges électoraux; de plus, les opérations des élections seraient très simplifiées.

2 RÉDUCTION DU CENS ÉLECTORAL.

3 L'ADJONCTION DES CAPACITÉS.

4 PLUS DE CENS D'ÉLIGIBILITÉ ET LE DROIT DE CHOISIR INDISTINCTEMENT, EN FRANCE, LES REPRÉSENTANS, SANS QU'IL FAILLE EN ÉLIRE UNE PARTIE DANS LES DÉPARTEMENS OU ILS ONT PRIS LEUR DOMICILE POLITIQUE.—Puisqu'il est reconnu que le Corps électoral, tel qu'il est constitué, *sauf les modifications que je demande*, offre à l'Etat toutes les garanties; pourquoi le forcer à circonscrire son choix? Pourquoi ne pas lui laisser une complète et entière liberté pour envoyer à la Chambre ceux qu'il aura jugés dignes de le représenter?

5 L'EXCLUSION ABSOLUE DES FONCTIONNAIRES PUBLICS.

6 INDEMNITÉ AUX DÉPUTÉS PRÉSENS AUX SÉANCES DE LA CHAMBRE, A MOINS DE MALADIE LÉGALEMENT CONSTATÉE A PARIS. 25 francs par jour suffiraient à chaque représentant, et le budget y gagnerait beaucoup. La feuille des émargemens serait, il est vrai, *moins illustrée* par MM. les Fonctionnaires publics; mais elle serait aussi moins pesante pour la bourse des malheureux Contribuables.

Les indemnités accordées aux Députés ne sont pas chose nouvelle en France. LES DÉPUTÉS DE LA CONSTITUANTE, DE LA LÉGISLATIVE, DE LA CONVENTION, LES CINQ-CENTS, LE TRIBUNAT, LES MEMBRES DU CORPS LÉGISLATIF DE L'EMPIRE, ÉTAIENT INDEMNISÉS PAR LA NATION. *Le père de notre Roi n'a-*

t-il pas eu droit à l'indemnité comme CONVENTIONNEL ?.... La Nation avait, avec raison, pensé : Que le Député, abandonnant ses affaires privées pour se dévouer tout entier à son service, ne devait pas trouver, dans l'accomplissement de ce devoir sacré, une cause de ruine pour lui et sa famille.

L'indemnité résolvait de plus deux problèmes bien remarquables. **ELLE CONSACRAIT LA SINCÉRITÉ DES ÉLECTIONS ET L'INDÉPENDANCE DES ASSEMBLÉES.** Plusieurs d'entre elles, qui fondèrent et organisèrent la société moderne, ont laissé de trop impérissables souvenirs pour que je vienne citer leurs actes.

Réforme des Lois de Septembre.[1]

> J'ai souvent gémi des condamnations politiques, etc., etc. J'ai admiré le courage avec lequel les avocats ont combattu les abus et défendu les libertés publiques; heureusement ce ne sera plus aussi nécessaire.
>
> (*Discours du Roi*, 14 *août* 1830.)

NEY!!... DUPOTY!!...
(Guizot, 1815) (Guizot, 1842).

Réforme des lois de Septembre

J'appelle également votre attention sur la révision DES LOIS DE SEPTEMBRE, révision tant de fois promise et tant de fois éludée. Ces lois rappellent de tristes époques, et portent en elles le cachet de la réaction.

ELLES VIOLENT, SACRILÉGEMENT, LES ARTICLES 4, 7, 53, ET 54 DU PACTE DE 1830 :

1 En portant une tyrannique atteinte à la liberté individuelle qui était protégée par l'article 4

Ainsi conçu :

« LEUR LIBERTÉ INDIVIDUELLE (CELLE DES FRANÇAIS)

---

(1) ŒUVRES DE M. THIERS, ÉTANT MINISTRE.

» EST ÉGALEMENT GARANTIE, PERSONNE NE POUVANT » ÊTRE POURSUIVI NI ARRÊTÉ QUE DANS LES CAS PRÉVUS » PAR LA LOI, ET DANS LES FORMES QU'ELLE PRESCRIT. »

2 EN ÉTABLISSANT LA CENSURE SUR LES GRAVURES, LES OBJETS D'ARTS ET LES PIÈCES DE THÉATRE; elle existe même déjà à l'égard des Journaux, par voie d'intimidation. Les procès de *l'Artiste*, de *la Mode*, de *la Quotidienne* et de *la France*, contre leurs imprimeurs, n'ont-ils pas judiciairement constaté tout l'odieux DE CETTE CENSURE BREVETÉE ET INDUSTRIELLE, de cette nouvelle croisade meurtrière, entreprise contre la liberté de la Presse, CONTRAIREMENT A L'ARTICLE 7.

Ainsi conçu :

« LES FRANÇAIS ONT LE DROIT DE PUBLIER ET DE FAIRE » IMPRIMER LEURS OPINIONS EN SE CONFORMANT AUX LOIS.

» LA CENSURE NE POURRA JAMAIS ÊTRE RÉTABLIE. »

3 EN DÉFÉRANT A LA PAIRIE LE JUGEMENT DES DÉLITS DE PRESSE, CONTRAIREMENT ENCORE AUX ARTICLES 53 ET 54

Ainsi conçus :

53. NUL NE POURRA ÊTRE DISTRAIT DE SES JUGES NATURELS.

54. IL NE POURRA, EN CONSÉQUENCE, ÊTRE CRÉÉ DE COMMISSIONS ET TRIBUNAUX EXTRAORDINAIRES, A QUELQUE TITRE ET SOUS QUELQUE DÉNOMINATION QUE CE PUISSE ÊTRE.

Le Pays est tranquille, les causes qui les avaient fait décréter *d'ur-*

gence et temporairement ont disparu. Pourquoi tarder à accomplir ce grand acte de justice? Prenez garde que l'arc ne reste constamment tendu. La liberté, base du trône de juillet, a besoin d'être maintenue dans de justes limites; mais elle ne doit pas rester chargée de chaînes.

Les Ministres repousseront-ils cette tardive réparation? L'oseront-ils? Invoqueront-ils toujours, pour s'y soustraire, l'émeute grondant dans nos rues!.... où est-elle? Invoqueront-ils les complots!..... où sont les conspirateurs? Invoqueront-ils les attentats?... Rendront-ils le peuple français responsable du crime odieux de quelques misérables? Ah!.... les vrais coupables sont plutôt CES MINISTRES qui, quittant et reprenant leurs portefeuilles, n'ont pas cessé depuis treize ans de chercher à altérer, par la corruption, notre caractère national, et qui ont tout fait pour aliéner le respect et le dévouement que Peuple et Roi s'étaient voués; sentimens qui ne sont pas éteints MALGRÉ LEURS LONGUES ET COUPABLES TENTATIVES.

Droit de visite.

TRAITÉS DE 1831 ET 1833.

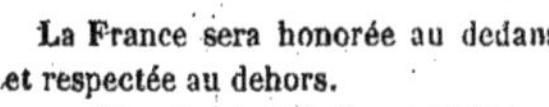

La France sera honorée au dedans et respectée au dehors.
(*Paroles du Roi*, 9 *août* 1830.)

Droit de visite.

La Chambre de 1841, en empêchant que la France ne devînt la très humble vassale de l'Angleterre, a paralysé, à l'égard de nos Voisins, le bon vouloir des Ministres. Mais, à la honte de notre Pays, il existe encore, *en vigueur*, deux traités du droit de visite, ceux de 1831 et 1833, qui doivent disparaître pour l'honneur de notre Pavillon.

LES LICENCES ACCORDÉES AUX CROISEURS BRITANNIQUES EXPIRENT AU MOIS DE FÉVRIER 1843. Elles ne doivent pas être renouvelées sous peine de trahison envers l'Etat.

Les Anglais, au surplus, reconnaissent eux-mêmes que nous sommes dégagés de ces perfides traités. *Le Morning-Chronicle, organe puissant de l'opinion anglaise,* s'exprimait *ainsi*, le 21 octobre 1842 :

« Dans leur campagne contre M. Guizot et leurs clameurs contre » l'Angleterre, les journaux français ont trouvé toute assistance auprès

» de lord Aberdeen, lord Ashburton et les diplomates tories en gé-
» néral. La renonciation par lord Ashburton à toute tentative pour
» obtenir des Américains le droit de visite, a donné aux adver-
» saires de M. Guizot tant de force, qu'il paraît abandonner toute
» idée de faire face à l'orage et d'observer les traités. Puis, se pré-
» sente une lettre officielle de lord Aberdeen, qui accuse l'amirauté
» d'avoir envoyé des instructions injustifiables, et d'avoir dirigé le
» zèle des officiers de la marine vers la répression de la traite d'une
» manière illégale et violente. Après cela, nous pouvons dire un seul
» mot : C'EST QUE LES FRANÇAIS ONT RAISON, ET QUE LES
» TRAITÉS DE 1831 ET 1833 SONT VIRTUELLEMENT ABOLIS.
» AUCUN GOUVERNEMENT FRANÇAIS NE SAURAIT LES AD-
» METTRE, MAINTENANT QUE LORD ABERDEEN LES A BIF-
» FÉS D'UN TRAIT DE PLUME. »

Il n'y a rien à répondre à cela. Après avoir reconnu, après avoir, en quelque sorte, dénoncé lui-même les funestes conséquences des traités qui concèdent à l'Angleterre le droit de visite, comment lord Aberdeen pourrait-il revendiquer le maintien de ces déplorables traités?

Comment M. Guizot lui-même le pourrait-il accorder? Il y a là évidemment une impossibilité morale contre laquelle ne prévaudront ni les sophismes déliés, ni les lâches complaisances.

Les États-Unis, qui ne comptent pas un siècle comme nation indépendante, ont imposé, dans ce grave débat, la loi à l'Angleterre au lieu de la recevoir.

Pour constater ce fait, qui doit être à l'avenir notre règle de conduite, je crois ne pouvoir mieux faire que de reproduire *textuellement* ce précieux traité. — La première partie ayant rapport à la délimitation des frontières entre les possessions anglaises et les Etats-Unis; délimitation qui, n'ayant pas été bien fixée par le traité de 1783, était restée depuis long-temps une cause incessante de discussions et de mésintelligence; je la passerai sous silence, comme étant complètement étrangère à la question qui m'occupe; je ne donnerai que la deuxième partie du traité qui a rapport à la traite des nègres.

La voici :

ART. 8.

« Les parties stipulent réciproquement que CHACUNE D'ELLES » préparera, équipera et maintiendra au service, sur la côte d'Afrique, une escadre ou force navale suffisante de vaisseaux, en nombre » convenable, et portant en tout pas moins de quatre-vingts canons, » pour tenir la main, séparément et réciproquement, à l'exécution des » lois, droits et obligations de chacune des deux parties contractantes pour l'abolition de la traite. LES DEUX ESCADRES SERONT » INDÉPENDANTES L'UNE DE L'AUTRE; mais les Gouvernemens » stipulent néanmoins qu'ils donneront aux officiers, commandant » leurs forces respectives, des ordres tels qu'ils pourront agir de » concert et coopérer de la manière la plus efficace, après délibération préalable, suivant que les circonstances pourront l'exiger, » pour atteindre le véritable but de cet article. Les deux gouvernemens devront se communiquer réciproquement des copies des » actes délivrés à cet effet. »

ART. 9.

« Comme, nonobstant tous les efforts qui pourraient être faits sur » la côte d'Afrique pour supprimer la traite des nègres, les facilités » pour faire ce trafic et se soustraire à la vigilance des croiseurs, par » l'usage frauduleux de pavillons et autres moyens, sont si grandes » et la tentation si forte, tant qu'on trouvera un marché pour la vente

» des nègres, que le but tant désiré sera toujours différé si l'on ne » ferme tous les marchés à l'achat des nègres africains; les parties » promettent de faire des représentations et des remontrances en » commun aux puissances dans les Etats desquelles de pareils mar- » chés sont tolérés, et de faire tous les efforts en leur pouvoir pour » convaincre ces Etats de l'opportunité et du devoir de fermer de » pareils marchés une fois pour toujours. »

ART. 10.

« Il est convenu que les États-Unis et S. M. B., sur des réquisi- » tions mutuelles respectivement faites par eux ou leurs ministres, » officiers ou autorités, livreront à la justice tous les individus qui, » prévenus d'avoir commis le crime d'homicide ou quelque acte de » violence tendant à l'homicide, ou un acte de piraterie, d'incendie, » de vol ou de contrefaçon, ou émission de valeurs contrefaites, com- » mis dans la juridiction de l'un ou l'autre des deux pays, cherche- » ront un asile ou se trouveront sur les territoires de l'autre pays. Il » est entendu que cette extradition n'aura lieu qu'après production » des preuves de criminalité qui, aux termes des lois de la localité » où sera trouvé le contumace, ou l'individu prévenu de ces crimes, » justifieraient son arrestation et son jugement, si le crime ou délit » avait été commis dans ces lieux.

» Les juges respectifs et autres magistrats des deux gouvernemens » auront le pouvoir et seront compétens à l'effet de délivrer, sur » plainte affirmée par serment, un mandat d'arrêt, à cette fin que le » contumace ou l'individu prévenu puisse être traduit devant lesdits » juges ou autres magistrats respectivement. Les preuves de la crimi- » nalité devant être produites et examinées, si, après examen, les » preuves sont jugées suffisantes pour établir la prévention, il sera » du devoir du juge d'instruction ou du magistrat, de l'attester au

» pouvoir exécutif compétent, afin qu'ordre soit donné de livrer ledit individu. Les frais de l'arrestation et de l'extradition seront » supportés et payés par la partie qui aura fait la réquisition et qui » recevra le prisonnier. »

ART. 11.

« LE HUITIÈME ARTICLE DE CE TRAITÉ SERA EN VIGUEUR » PENDANT CINQ ANNÉES, A PARTIR DE LA DATE DE LA RATIFICATION ET ULTÉRIEUREMENT, JUSQU'A CE QUE L'UNE » OU L'AUTRE DES PARTIES CONTRACTANTES AIT SIGNIFIÉ » L'INTENTION DE LE FAIRE CESSER. LE DIXIÈME ARTICLE » SERA EN VIGUEUR JUSQU'A CE QUE L'UNE OU L'AUTRE DES » PARTIES ANNONCE L'INTENTION DE LE FAIRE CESSER, ET » PAS DAVANTAGE. »

ART. 12.

« Le présent traité sera dûment ratifié, et l'échange des ratifications aura lieu à Londres dans le délai de six mois, à partir de la » date des présentes, ou plus tôt s'il est possible.

» En foi de quoi, nous, plénipotentiaires respectifs, avons signé » le présent traité, et nous y avons apposé nos cachets.

» Fait double à Washington, le neuvième jour d'Août, an du Seigneur 1842.

» *Signé* ASHBURTON ; *signé* DANIEL WEBSTER. »

Après la lecture d'un pareil acte, quel est le ministre, je le répète, qui oserait maintenant soutenir que la France est enchaînée par les traités de 1831 et 1833 ? CE DOCUMENT DIPLOMATIQUE LES A ANATHÉMATISÉS. Sachez-le bien, Messieurs les

Députés, les Français ne pardonneront pas à l'Angleterre ses nouvelles trahisons. UNE ALLIANCE FRANCHE ET SINCÈRE ENTRE NOTRE PAYS ET SON IMPLACABLE ENNEMIE EST DÉSORMAIS IMPOSSIBLE.

1 Le traité du 15 juillet, signé EN BAFOUANT L'AMBASSADEUR GUIZOT QUI, A SON TOUR, BAFOUAIT LE MINISTRE THIERS, SON CHEF A PARIS;

2 LES PROCÈS-VERBAUX AUTHENTIQUES, CONSTATANT DE QUELLE MANIÈRE CRUELLE ET DÉSHONORANTE POUR NOTRE MARINE, LES ANGLAIS ONT EXERCÉ LE DROIT DE VISITE SUR NOS BATIMENS;

3 LA LETTRE DE LORD ABERDEEN, EN DATE DU 20 MAI 1842, adressée aux lords de l'amirauté, lettre pleine d'hypocrisie, d'astuce et de déloyauté, ainsi conçue :

« Foreign-Office, le 20 mai 1842.

» Milords, je prends la liberté d'appeler l'attention de vos seigneu-
» ries sur les instructions données aux officiers de marine de S. M.,
» employés à la suppression de la traite des noirs sur la côte d'Afri-
» que, et sur les actes qui en ont été la suite, ainsi que le détail se
» trouve dans les papiers spécifiés à la marge de cette lettre. L'avocat-
» général de S. M., à qui les papiers ont été soumis, a déclaré ne pou-
» voir pas prendre sur lui de dire que tous les actes spécifiés comme
» ayant eu lieu à Gallinas, New-Cestos et Sea-Bar, peuvent être stric-
» tement justifiés, ni que les instructions aux officiers de marine de
» S. M., relatées dans ses papiers, ont été de nature à pouvoir être
» exécutées avec égalité. L'avocat de la reine pense que le blocus des
» rivières, le débarquement et la destruction des bâtimens, l'enlève-
» ment d'individus tenus en esclavage dans des pays avec lesquels

» l'Angleterre n'est pas en guerre, ne sauraient être considérés
» comme sanctionnés par le droit des gens ni par les dispositions
» d'aucun traité existant, et que, quelque désirable qu'il puisse être
» de mettre un terme à la traite des noirs, le bien, même le plus
» grand, ne saurait être obtenu que par des moyens légitimes.

» En conséquence, et au sujet des actes du capitaine Narse, à Rio-
» Pongas, le 28 avril 1841, et des lettres adressées par le départe-
» ment de l'amirauté, les 6 avril, 1er et 17 juin et 28 juillet de l'an-
» née dernière, je prierai vos seigneuries de considérer qu'il est à
» désirer que les officiers de la marine de S. M., employés à suppri-
» mer la traite des noirs, reçoivent l'ordre de s'abstenir de détruire
» les comptoirs d'esclaves et d'enlever les individus tenus en escla-
» vage, à moins que la puissance, sur le territoire et dans la juridic-
» tion de laquelle se trouveront les comptoirs ou les esclaves, n'ait
» traité avec l'Angleterre ou par arrangement, formellement écrit,
» avec les officiers anglais, donné pouvoir aux forces navales de S. M.
» d'adopter ces mesures pour la suppression de la traite; et si, en
» procédant à la destruction d'un comptoir, il s'y trouvait des mar-
» chandises ou d'autres propriétés que l'on puisse supposer apparte-
» nir à des négocians étrangers, il faut prendre le soin de ne pas
» comprendre ces biens dans la destruction du comptoir.

» Quant au blocus des rivières, il paraît, d'après les papiers aux-
» quels on se réfère, que les termes *blocus* et *bloquer* ont été employés
» par les officiers de la marine anglaise, faisant allusion à la louable
» pratique de faire stationner des croiseurs en vue des stations fai-
» sant la traite, dans le but d'intercepter mieux les bâtimens né-
» griers, faisant le négoce contrairement aux traités entre l'Angle-
» terre et les puissances auxquelles appartiennent ces navires. Mais,
» comme le terme blocus, dans son acception naturelle, s'étend à
» une interdiction de tout commerce, et réellement de toute com-
» munication avec la place bloquée, je prends la liberté d'appeler
» l'attention de vos seigneuries sur la question de savoir s'il ne con-

» viendrait pas de mettre en garde les officiers de marine de S. M.,
» sous ce rapport, de crainte que, par l'usage inconsidéré et répété
» du terme blocus, l'exercice du droit confié aux officiers anglais,
» pour la suppression de la traite des noirs, ne puisse être quelque-
» fois confondu avec l'exercice très différent du blocus actuel.

» *Signé* ABERDEEN. »

4 L'ARDENT DÉSIR DES ANGLAIS DE NEUTRALISER LES EFFORTS DE NOTRE COMMERCE,

Sont des blessures qui ne se cicatrisent pas et qui saigneront sans cesse.

Non, vous ne souffrirez pas, Messieurs, que nous restions sous le poids de conventions funestes dans tous les temps; mais qui prennent un caractère particulièrement injurieux, lorsque je vois une nation, qui a des esclaves comme nos colonies, dispensée de subir le droit de visite, tandis que la France y resterait soumise. Il n'est pas à croire qu'une telle anomalie subsiste plus long-temps dans le Code des nations; vous le souffrirez d'autant moins, que résister à l'Angleterre ce n'est pas courir chance de guerre, PUISQUE CHEZ ELLE, AUSSI, LE SYSTÈME DE LA PAIX A TOUT PRIX A FAIT TANT DE PROGRÈS.

Fortifications de Paris
et
Forts détachés.

A moi d'Auvergne!
(*Chevalier* d'Assas.)

Fortifications de Paris et Forts détachés.

Cette Loi, mal accueillie par le Pays, quoique votée à une grande majorité, a pour but, dit-on, de couvrir et de défendre Paris, en cas d'invasion européenne; car jamais notre belliqueuse France n'a eu, vous le savez, un seul ennemi à combattre; il a fallu l'élite de huit armées étrangères pour l'abattre, ET UN HOMME POUR LA TRAHIR.

Paris a été cinq fois entouré de fortifications, et cinq fois elles sont tombées, parce que nos pères ont pensé que les meilleures murailles pour arrêter l'ennemi : ÉTAIENT DES POITRINES D'HOMMES ET L'AMOUR DE LA PATRIE.

La Loi est votée, il faut donc la respecter; mais vous devez, MM. les Députés, réclamer des sûretés pour l'avenir. D'après le tableau, *fort exact*, que je joins à cette partie de ma pétition, il est facile de comprendre que l'Enceinte continue et les Forts détachés ne s'élèvent qu'avec un double but, L'UN AVOUÉ, L'AUTRE CACHÉ : le premier est celui de frapper les ennemis du dehors; le second est celui de foudroyer ceux du dedans, tout en respectant, comme vous pouvez vous en convaincre en *suivant le plan* (1), une partie de la Capitale.

Ne jugerez-vous pas, qu'après mûr examen, il serait urgent, politique même, d'empêcher par une Loi que l'État ne fasse APPROVISIONNER, sauf certains cas BIEN DÉTERMINÉS, les Fortifications et les Forts détachés, sans une autorisation émanée des deux Chambres, CAR L'APPROVISIONNEMENT SERAIT LA CONSÉQUENCE DE L'ARMEMENT.

SEIZE CENTS CANONS de gros calibre sont destinés à garnir les remparts de Paris et ceux des Forts détachés. Qui peut répondre de l'emploi qu'un DESPOTE, maître de l'armée, pourrait faire de cette puissante force, si l'on n'obtenait pas des garanties (2)?

Fermant les portes de la Capitale, il serait facile de l'isoler du reste de la France, de la réduire à la famine, et de faire, en peu d'instans, une effroyable boucherie d'une population composée de 1,200 mille habitans.

La dernière Législature n'a pas assez approfondi, *lors de son vote*, cette question si désastreuse dans ses résultats. J'ose espérer que celle-ci s'apercevra encore assez à temps qu'il y a le plus grand danger, *et le plus imminent* de tous, peut-être, à livrer à la volonté *d'un*

---

(1) Le plan original est annexé à la pétition déposée à la Chambre.

(2) La population de BARCELONNE (Espagne) a déjà reconnu LES SALUTAIRES EFFETS DU FORT DÉTACHÉ DE MONTJOUI!... La ville a été bombardée le 3 décembre 1842... L'exemple sera bon à suivre EN FRANCE!!...

seul homme le sort de Paris, car on peut, dès à présent, dire : QUE LA CAPITALE DE LA FRANCE EST EMBASTILLÉE ET CERNÉE PAR SOIXANTE-DIX MILLE HOMMES DE TROUPES, QUI SERAIENT MIEUX EMPLOYÉES EN ALGÉRIE.

Agréez l'expression de mon profond respect.

SENÉPART,

Fils de l'ancien colonel de la 6e légion de la garde nationale de Paris, éligible du 2e arrondissement, 274, rue Saint-Honoré.

30 Novembre 1842.

Cette pétition sera distribuée à chaque député.

IMPRIMERIE D'ÉD. PROUX ET Cᵉ, RUE NEUVE-DES-BONS-ENFANS, 3.

www.ingramcontent.com/pod-product-compliance
Ingram Content Group UK Ltd.
Pitfield, Milton Keynes, MK11 3LW, UK
UKHW021533260726
13993UKWH00004B/1975